ज़िंदगी की रहगुज़र

एक मुसाफ़िर, कुछ रिश्ते और अनकही दास्तानें

अंकुर कुमार वर्मा

BookLeaf Publishing

India | USA | UK

Made with ❤ on the BookLeaf Publishing Platform
www.bookleafpub.in
www.bookleafpub.com

Dedication

यह पुस्तक "ज़िंदगी की रहगुज़र" उन सभी आत्माओं को समर्पित है, जो जीवन के अनजाने रास्तों पर चलते हुए अपने रिश्तों की गहराइयों को महसूस करते हैं।
उन मुसाफ़िरों के लिए, जो राहों की धूल में अपनी पहचान तलाशते हैं,
उन अपनों के लिए, जो हर मोड़ पर हमारे साथ खड़े रहते हैं,
और उन लम्हों के लिए, जो हमें जीवन के नए अर्थ सिखाते हैं।
मेरे शब्द, मेरी कविताएँ, उन अनकहे एहसासों की गूंज हैं, जो हर दिल के किसी कोने में बसे होते हैं। यह किताब हर उस पाठक के नाम, जिसने कभी अपने रिश्तों को परखा है और रास्तों से एक रिश्ता जोड़ा है।

Preface

*कविता केवल शब्दों का संयोजन नहीं, बल्कि भावनाओं का प्रवाह होती है। यह मन के उन कोनों को उजागर करती है, जिन्हें हम अक्सर अनदेखा कर देते हैं। **"ज़िंदगी की रहगुज़र"** मेरा ऐसा ही एक प्रयास है—जहाँ शब्द आत्मा की गहराइयों से निकलकर पाठकों के दिलों तक पहुँचने की कोशिश करते हैं।*

जीवन की यात्रा में हम कई अनजाने रास्तों से गुज़रते हैं—कभी सहमे हुए, तो कभी उम्मीदों से भरे हुए। इन्हीं राहों पर चलते हुए हम रिश्तों को परखते हैं, उन्हें सहेजते हैं और कभी-कभी खो भी देते हैं। इस संग्रह की कविताएँ इन्हीं अनकही भावनाओं का प्रतिबिंब हैं—कभी मीठी यादों की तरह, तो कभी बिखरी संवेदनाओं की तरह।

प्रेम, विरह, दोस्ती, आत्ममंथन और जीवन के विभिन्न पहलुओं को समेटे ये कविताएँ मेरी अनुभूतियों का आईना हैं। आशा है कि ये आपके दिल को भी छू पाएँगी और आपके अपने अनुभवों से जुड़ पाएँगी।

मैं इस काव्य संग्रह को उन सभी पाठकों को समर्पित करता हूँ जो शब्दों में संवेदनाएँ खोजते हैं, जो रिश्तों की गहराइयों को महसूस करते हैं, और जो अनजाने रास्तों पर चलने का साहस रखते हैं।

Acknowledgements

श्रद्धांजलि एवम् समर्पण

मैं इस पुस्तक को मेरी माँ, निर्मला वर्मा, जिन्हें मैं इस पुस्तक के प्रकाशित होने से पहले खो चुका हूँ, को समर्पित करता हूँ। उनकी निःस्वार्थ ममता, अथाह प्रेम, और जीवन के मूल्यों ने मुझे संवेदनशीलता और स्नेह का अर्थ सिखाया। उनका आशीर्वाद मेरे हर शब्द में समाया हुआ है। यह पुस्तक उनके आशीष और स्मृतियों को नमन करती है। माँ, तुम हमेशा मेरे साथ हो।

अपने पिता अजीत कुमार वर्मा को, जो मेरी ज़िंदगी की नींव और ताकत के स्तंभ हैं। उनकी सीख और उनका प्रेम ही मेरी राह का उजाला है।

मेरी जीवनसंगिनी चेतना को, जो मेरी आत्मा का अटूट हिस्सा हैं, मेरे हर सुख-दुख की सहभागी, मेरे सफर की सच्ची हमसफ़र। उनका साथ मुझे संपूर्ण बनाता है।

मेरी बेटी दिविजा को, जो मेरे जीवन की उम्मीद और उजाले की किरण है। उसके सपने मेरी प्रेरणा हैं, और उसकी मासूम मुस्कान मेरे हर दिन की सबसे बड़ी खुशी।

और मेरे बेटे व्योम को, जो मेरे जीवन का उल्लास और आनंद का स्रोत है। उसकी हंसी मेरे दिल की सबसे प्यारी धुन है, और उसका होना मेरे हर लम्हे को अनमोल बनाता है।

यह पुस्तक केवल शब्दों का संग्रह नहीं, बल्कि रिश्तों की उन भावनाओं का प्रतीक है, जो हमें जीवन में संबल और अर्थ देते हैं।

शह और मात

क्या सोचता हूँ?
क्या चाहता हूँ?
ज़िंदगी के ढंग हैं कई,
क्या उन्हें जानता हूँ?
ज़िंदगी के रंग हैं कई,
क्या उन्हें पहचानता हूँ?
अपनी ज़िंदगी के कटोरे से,
नीले आसमाँ के कोने को भिगोना चाहता हूँ।
अपनी रूह की आग से,
समंदर के जलजले को सोखना चाहता हूँ।
अपने आँसू के कतरों से,
ज़िंदगी के पौधे को सींचना चाहता हूँ।
चाहता हूँ,
मिटा दूँ हर वो पन्ना,
जिस पर किसी का नाम लिखा है।
चाहता हूँ,
भुला दूँ हर वो लम्हा,
जो किसी की याद दिलाता है।
चाहता हूँ,
राख कर दूँ हर वो एहसास,

जो किसी को देखना चाहता है।
पर, सिर्फ मेरे चाहने से क्या होगा?
ना ही दिन होगा, ना ही रात होगी,
ना ही सितारों की बरसात होगी,
पर हाँ,
ज़िंदगी की बिसात होगी,
यहाँ शह और यहीं मात होगी।

वफ़ा

ये ज़िंदगी के रास्ते,
चलूं इनपे, मैं किस वास्ते,
क्यों बनाऊं मैं ये रिश्ते,
क्यों निभाऊं मैं ये रस्में,
है कोई जो जवाब दे?
ये तस्वीर है इंसान की,
ये तक़दीर है इंसान की,
जानता हूँ,
जानता हूँ, मौत की सच्चाई को,
पहचानता हूँ, मौत की परछाई को,
करता हूँ इश्क़, मौत से,
पल पल मौत लुभाती है,
पर इस लुभावने चेहरे के पीछे,
ज़िंदगी मुस्कुराती है,
और इस ज़िंदगी की कुछ मुर्दा यादें,
हर पल सताती हैं,
चेहरों को चेहरों से अलग करने की कोशिशें,
हर पल, ऐ ज़िंदगी,
मुझे तेरी ओर खींच लाती हैं,
जिऊँगा मैं, जिऊँगा तुझे,

ये मेरा वादा है तुझसे।
दे दिया तलाक़ आज मौत को,
देखो... देखो,
वो जा रही है, मेरी नज़रों से दूर,
जानता हूँ वो एक बार लौटेगी,
उस वक़्त,
मुझे माफ़ करना,
मुझे उसकी वफ़ा निभानी है।

सच्चाई

बुझती लौ में हँसती है ज़िंदगी,
दुखती रगों में सिमटी है ज़िंदगी,
आँसू की बूँदों में खिलखिलाती है ज़िंदगी,
दिल के कोने से झाँकती है ज़िंदगी,
दीये की जलती लौ में भी है ज़िंदगी,
दीये तले छुपे अँधियारे में भी है ज़िंदगी,
यथार्थ की कठोर चट्टान भी है ज़िंदगी,
हार-जीत की परछाईं भी है ज़िंदगी,
उम्मीदों और आशाओं की जागती तस्वीर-सी है ज़िंदगी,
कितनी क़रीब, फिर भी कितनी अजीब है ज़िंदगी,
एक पल में अपनी, और दूसरे पल पराई है ज़िंदगी,
एक ही शब्द में सिमटी सारी सच्चाई है ज़िंदगी।

खोज

मौत के आगोश में लिपटी ज़िंदगी को ढूँढ़ता हूँ।
पलकों के पीछे दुखों में डूबे आँसुओं को ढूँढ़ता हूँ।
दिल के कोने में छुपी खुशियों को ढूँढ़ता हूँ।
चाहतों के एहसास में डूबे, अपने वजूद के टुकड़ों को ढूँढ़ता हूँ।
ढूँढ़ते-ढूँढ़ते हर पल ज़िंदगी से टकराता हूँ।
जिस पल कुछ पा जाता हूँ, खुश होकर ज़िंदगी पे हँसता हूँ,
और बाकी के समय, ज़िंदगी मुझपे और मेरी खोज पर हँसती है।
हँसते-हँसते उस भरम में गुम हो जाता हूँ, जिसे ज़िंदगी कहते हैं।
हर पल, हर दम मुश्किलों से लड़कर कुछ फासले तय करता हूँ।
मंज़िल पाने की कोशिश में अपने वजूद के टुकड़ों को बिखरते देखता हूँ।
आज जब अकेला बैठा सोचता हूँ कि ये ज़िंदगी मेरी क्या लगती है?
तभी एक मीठी सी आवाज़ मेरे कानों में कहती है,
"प्यार करता हूँ... प्यार करता हूँ,
कि मैं ज़िंदगी से प्यार करता हूँ।"
ये आवाज़ दिल को सुकून देती है,
पर जानता हूँ कि ये एक भरम है।
पर इस भरम में जीने का अपना ही एक मज़ा है,
क्योंकि बिना इसके जीना एक सज़ा है।

कोशिश

हाथों की लकीरों को पढ़ने की कोशिश करता हूँ,
किस्मत की ज़ंजीरों को तोड़ने की कोशिश करता हूँ।
अपनी शख़्सियत के टुकड़ों को ख़ुद से जोड़ने की कोशिश करता हूँ,
अपनी ज़िंदगी के पन्नों को लिखने की कोशिश करता हूँ।
करता हूँ भरोसा मौत पर,
पर ज़िंदगी जीने की कोशिश करता हूँ।

जुर्रत

इन यादों के घेरे में जीना नहीं चाहता,
इन ख़यालों की बस्ती में रहना नहीं चाहता,
चाहता हूँ दर्द पर उसे सहना नहीं चाहता,
करता हूँ प्यार पर उसे कहना नहीं चाहता,
चाहता हूँ चाहत को पर जानता हूँ इसके कोई मायने नहीं हैं,
बढ़ाता हूँ हिम्मत अपनी पर जानता हूँ इसकी कोई ज़रूरत नहीं है,
चाहता हूँ करना नफ़रत ख़ुद से पर इसकी हिम्मत नहीं है,
कमज़ोर हूँ मैं, लगता है टूट जाऊँगा
पर कोई और तोड़े, किसी की इतनी जुर्रत नहीं है।

ज़िद

ये दिल मानता नहीं दलीलों को,
ये समझता ही नहीं रिश्तों की जंजीरों को।
कहता हूँ मान जा, क्यों रोता है, वो तेरा नहीं है।
पलट के कहता है, क्यों मानूं, मैं तो उसका हूँ।

खोया पाया

क्या खोया, क्या पाया?
जो चाहा, क्यों चाहा?
जो किया, किसके लिए,
जो दिया, खुद के लिए?
दिल दर्द में डूबा है क्यों?
ग़म आंसुओं से बहता है क्यों?
क्यों जिया करते हैं सब?
क्या मज़ा है जीने में?
क्यों आँखें भीगा करती हैं, कारणों के अंधेरों में?
क्या तुम्हें एहसास है, मंज़िल दूर है कि पास है?
गर पास है तो आस है, गर दूर है तो प्यास है?
खुद को भूल जाऊं तो क्यों भूलूं?
खुद को याद रखूं तो क्यों रखूं?
ये ग़म का जो एहसास है, मुझे प्यार है, कुछ खास है।
गर बदल गया तो नहीं जानता,
तू कौन है, मैं कौन हूं? तू आस है, मैं ख़ास हूं?
तू आसमा के पास है, तू झूठ है, मैं साँच हूं।
मेरी खुद की प्यास बुझती नहीं, नहीं जानता मैं क्या करूं?
पर एक बात है जो खास है, मुझे अपनी कमी का एहसास है।"

एक कशिश

आँखों में नमी सी है, चेहरे पे हँसी सी है,
ना जाने क्यों ज़िंदगी में कुछ कमी सी है।
हक़ीक़त के एहसास ने कुछ इस तरह सर उठाया,
कि, सर पर आसमाँ, नीचे ज़मीं सी है।
आँखों ने सपने तो कभी देखे नहीं,
पर कहीं उन अनजाने सपनों की परछाई सी है।
उदास बैठना भी बड़ी हिम्मत का काम है,
क्योंकि मन को घेर लेने वाली यादों की रूसवाई भी है।
आज तक, हम इस खुशफ़हमी में थे कि हम खुश हैं,
पर यादें कहती हैं, दोनों के बीच एक लकीर सी है।
इस लकीर को मिटाने की कोशिश एक संगीन जुर्म है,
पर क्या करें, अपनी फ़ितरत भी क़ातिलों सी है।
क़त्ल करने का इरादा तो बहुत ज़ोर का है,
पर हाथों में ज़ंजीर दोस्ती की है।
ना जाने कौन से मोड़ पर खड़ा हूँ मैं,
इन रिश्तों के बीच भी एक हँसी सी है।
शायद हँस रहे हैं मेरे वजूद पर,
लेकिन इनकी हँसी में भी, एक दर्द की झलक सी है।
ज़िंदा रहने की कवायद में फँसा हूँ मैं,
पर ज़िंदगी भी ना, बस एक कशिश सी है।

चाहत

आसमाँ को हाथों से समेटने की चाहत,
ज़मीं की सचाइयों से जुड़ने की चाहत,
सूरज को हथेली में रखने की चाहत,
गमों को पलकों में छुपाने की चाहत,
ख़ुशियों को होठों से लुटाने की चाहत,
मौत को हथेलियों पे रखने की चाहत,
दिल की गहराइयों में डूबने की चाहत,
मन की ऊचाइयों को देखने की चाहत,
ज़िंदगी को ज़िंदादिली से जीने की चाहत,
ज़िंदगी के सफ़र में एक हमसफ़र की चाहत,
उस हमसफ़र के दिल में रहने की चाहत,
इन चाहतों को पूरा करने की कोशिश में,
ज़िंदगी को पूरी तरह जीने की चाहत।

दोराहा

ज़िन्दगी आज फिर एक दोराहे पर खड़ी है,
दोराहा कहूँ इसे या ये रास्तों की लड़ी है,
आँखों में भरे सपने हर रास्ते को उम्मीद से देख रहे हैं,
कानों में गूंजते शब्द इन रास्तों को परख रहे हैं,
और दिल की तेज़ होती धड़कनें, नज़रों को धुंधला कर रही हैं।
जब अपने आस-पास देखता हूँ तो खुद को अकेला पाता हूँ,
ये अकेलापन कभी तो कमज़ोर, तो कभी मज़बूत बनाता है।
जब पीछे मुड़कर अपने कदमों के निशान देखता हूँ,
तो एहसास होता है कि वो धुंधले पड़ रहे हैं,
बस कुछ खट्टी-मीठी और कुछ कड़वी यादें हैं, जो साफ़-साफ़ दिखाई देती हैं।
कुछ चेहरे हैं, जो पिछले रास्तों के किनारे खड़े मुझे देख रहे हैं,
उनकी आँखों में देखते ही, एक अजीब सा एहसास मेरी रगों में दौड़ने लगता है,
उनके चेहरे की हंसी, इस अकेलेपन को झूठा साबित कर देती है।
वो चेहरे मेरे अगले क़दम के इंतज़ार में पूरे धैर्य के साथ खड़े हैं,
ये वो चेहरे हैं, जो अब तक मेरी ज़िन्दगी में मेरे साथ चले हैं।
मेरा अगला चुना हुआ रास्ता, उन्हें मेरे इरादे बताएगा,
और उनमें से कुछ चेहरे फिर मेरे साथ चल पड़ेंगे,
ज़िन्दगी के अगले दोराहे तक।

लेकिन सवाल फिर वही है, कि कदम किधर बढ़ाऊँ?
बचपन में एक बड़ी अच्छी बात थी,
गलत रास्तों पर चलकर भी वापस लौट आया करते थे,
और ज़िन्दगी भी हँसते-हँसते माफ़ कर दिया करती थी।
ज़िन्दगी हँसती तो अब भी है, पर अब दूसरा मौका नहीं देती।
आज ज़िन्दगी हँसते-हँसते चुनौती दे रही है!
और मैं भी हँसते-हँसते उस चुनौती को स्वीकार कर रहा हूँ,
आगे क्या होगा ये सोचना बंद कर रहा हूँ,
और कदम बढ़ा रहा हूँ एक रास्ते पर, इस उम्मीद से कि ये सही है,
और इस विश्वास के साथ कि ये मुझे मेरी मंज़िल तक पहुँचा देगा।
चलो, अब चलता हूँ मैं, बस एक बात और–
शुक्रिया उन चेहरों को, जो मेरे साथ हैं,
और अलविदा उन चेहरों को, जो पीछे छूट गए...

शब्द

शब्द, क्या हैं ये?
एक आवाज़ हैं ये?
या ध्वनि की झंकार हैं ये?
शब्द, कभी कोमल, और कभी कठोर हैं ये।
कभी दुलार हैं, तो कभी प्रहार हैं ये।
कभी आँखों में बहता प्यार,
तो कभी तलवार की तेज धार हैं ये।
क्यों हैं इतने रूप शब्दों के,
क्या इनका कोई अस्तित्व नहीं?
नहीं, अस्तित्व तो है।
अपना नहीं, उधार का ही सही।
उधार उनसे, जिन्होंने वो शब्द बोले हैं।
जिन्होंने उन्हें आकार दिए हैं।
क्यों शब्द दिलों को चीर देते हैं?
तो कभी आँखों में दरिया भर देते हैं।
जिम्मेदार कौन है, क्या शब्द खुद, या उनका जन्मदाता?
जानता हूँ, उधार के अस्तित्व से जिम्मेदारी नहीं आती,
जिम्मेदार वो हैं, ये शब्द जिनके हैं।
क्यों हम सोचते नहीं, अपने शब्दों को रूप देने से पहले?
क्यों हमारे अपने शब्द, हमारे अपनों को दुख देते हैं?

और उनके दिलों को रोने पर मजबूर कर देते हैं?
कुछ अपने ये समझ नहीं पाते,
कि जिनके दिल के वो करीब हैं,
जिनके दिलों के बीच एक पर्दा तक नहीं।
वहाँ उनके शब्द दिलों को भी पार कर,
अंदर, बहुत अंदर चले जाते हैं।
और कभी-कभी कुछ टूट सा जाता है,
कभी न जुड़ने के लिए।
दिलों की डोर के कई धागों के बीच,
एक धागा टूट जाता है,
कभी न जुड़ने के लिए।
एहसासों की पोटली, भावनाओं की चादर ताने,
छुप जाती है, कभी न दिखने के लिए।
और चेहरे की रौनक बुझ जाती है,
कभी न जलने के लिए।
सोचता हूँ, मैं इन शब्दों को क्यों रूप दे रहा हूँ?
क्या मेरे अंदर भी कुछ टूट गया है?
कभी न जुड़ने के लिए?
शायद हाँ, शायद ना!
अब छोड़ दिया है मैंने अपने आपको,
वक़्त के हाथों में।
शायद वक़्त ही कुछ मरहम लगा दे,
शायद कुछ नए धागे उस कमज़ोर पड़ी डोर में जोड़ दे।
कभी-कभी हँसता हूँ अपने हालात पर।
कि मेरी खुद की ज़िंदगी, विश्वास के धरातल पे नहीं,
उम्मीदों के आकाश में टिकी है।

रफ़्तार

आज जिंदगी शायद पहली बार रुक सी गई है,
पड़ाव आने के पहले शायद थक सी गई है।
आशाएं और उम्मीदें अपनी ऊँचाइयां पकड़ थम सी गई हैं,
भावनाएं भविष्य की गहराइयों में जा छुप सी गई हैं।
समझ नहीं आता जिंदगी के इस ठहराव को क्या समझूँ।
यह ठहराव केवल मेरी जिंदगी में है,
आसपास की दुनिया अब भी उसी रफ्तार से भाग रही है,
या शायद उससे भी तेज़।
मन की गहराइयों में एक डर छुपा है,
कि कहीं इस दौड़ में पीछे न रह जाऊँ।
कि जब ये ठहराव खत्म हो तो वो रफ्तार ही न पकड़ पाऊँ।
कि अपने जोश पे लगे जंग को न छुड़ा पाऊँ।
जब इस ठहराव से लड़ने की कोशिश करता हूँ,
तो एक रास्ता सा दिखता है।
जब आगे बढ़ता हूँ,
तो कदम बढ़ते-बढ़ते एक दीवार के आगे रुक जाते हैं।
हाँ, शायद थक गया हूँ।
समझ नहीं आता क्या करूं।
आसपास देखता हूँ तो एक धुंध सी दिखती है,
कुछ भी हाथ में नहीं आता।

पर आज जब आंखें बंद कर खुद को देखता हूँ तो आश्चर्य,
मुझे डर नहीं लग रहा।
थकान भी नहीं लगती।
फिर एक एहसास हुआ,
खुद पर और जिंदगी पर फिर से विश्वास हुआ।
कैसे भूल गया था,
इसी जिंदगी ने मुझे लड़ना सिखाया है।
भावनाओं को हथियार बना हिम्मत से बढ़ना सिखाया है।
नहीं,
अब और नहीं रुक सकता इस ठहराव पर।
आज इस ठहराव को मैं दौड़ना सिखाऊंगा।
शायद दुनिया बहुत आगे निकल चुकी है,
पर मैं अपने पैरों को जमीन पर रख खुद को उड़ना सिखाऊंगा।
आज चुनौती देता हूँ इस दुनिया को,
है हिम्मत तो मुझे रोक कर दिखाओ।
मेरी चाहतों और जोश को बेड़ियों में जकड़ कर दिखाओ।
नहीं, अब नहीं, बस अब और नहीं।"

चेहरे

हँसते चेहरे, रोते चेहरे,
हँस-हँस के रोते चेहरे, रो-रो के हँसते चेहरे।
कुछ खो कर हँसते चेहरे,
कुछ हँस कर खोते चेहरे।
दर्द को सहेजे चेहरे,
खुशियों को यूँ ही लुटाते चेहरे।
चेहरे जिनके कुछ नाम हैं,
उन नामों के नाम ज़िंदगी की कई अनजानी शाम हैं।
उन अनजानी शामों के वास्ते,
हँसी को अपने लबों से कभी ना मिटाने के वास्ते।
लड़ते चेहरे, हारते चेहरे,
फिर उठते, फिर लड़ते चेहरे।
ज़िंदगी जो बेमिसाल है,
अपनी जीत के बाद भी हैरान है।
इन लड़ते चेहरों के लिए परेशान है,
और तैयार है अपने पन्नों में
उन चेहरों को, जिनके कुछ नाम हैं
और कुछ जो बेनाम हैं,
सुनहरे अक्षर देने के लिए।
उन्हें मंज़िल का रास्ता दिखाने के लिए,

क्योंकि ये उसे पाने के लिए लिए वचनबद्ध हैं।
ये वो चेहरे हैं जिन्हें मौत से वास्ता तो है,
पर ज़िंदगी से प्यार भी है।
ये वो चेहरे हैं जो खुद के लिए नहीं,
औरों के लिए कुछ कर गुजरने में
उन्हें कोई संकोच नहीं।
मैं उनके आगे सिर झुकाता हूँ,
उनके जीने के जज़्बे को सलाम करता हूँ।
और एक दिन, उनमें शामिल हो जाऊँ,
ऐसा ऐलान करता हूँ।

दोस्ती

दोस्ती क्या है?
यह एक जज़्बा है साथ निभाने का,
एहसास है ग़म भुलाने का।
कोशिश है दिल में जगह बनाने की,
किसी के कंधे पर सिर रखकर रोने की।
बिना कहे सब कुछ समझ जाने की,
बिना सोचे खुशियाँ लुटाने की।
बिना बोले आँसू बहाने की,
यह रिश्ता है विश्वास का।
यह यादें हैं छोटे-छोटे पलों की,
यह आंसू हैं उन यादों के।
यह जवाब हैं अनसुने सवालों के,
यह सवाल है चेहरे की सिलवटों का।
यह एक संदेश है मोहब्बत का,
और अगर कुछ ना कह सको,
तो बस इतना कह दो–
दोस्ती नाम है एक अटूट बंधन का।

दूरियां

दूरियों में बिखरती ये ज़िन्दगी,
दूरियों में बंटती ये ज़िन्दगी,
और इन्हीं दूरियों में सिमटती ये ज़िन्दगी।
कभी एहसासों के आँचल में खंजर की तरह चुभती ये दूरियां,
तो, कभी यादों की ठंडी छांव बन आराम देती, ये दूरियां।
कभी रिश्तों के बीच अनदेखी दीवार सी ये दूरियां,
तो, कभी न खत्म होने वाला प्यार, ये दूरियां।
कभी दिल के तारों को अपनी पैनी नोक से काटती ये दूरियां,
तो, कभी उन्हीं तारों में गांठें बांधती, ये दूरियां।
कभी दिमाग की आवाज़ को अपने कदमों तले रौंदती, ये दूरियां।
तो, कभी अपना सर ऊँचा कर खुशियों को आवाज़ लगाती, ये दूरियां।
कभी चीखती, कभी हंसती, तो कभी
आँखों से आँसू बन बह जाती, ये दूरियां।
कभी गुस्सा, कभी प्यार, तो कभी
गिले-शिकवों में घुल जाती, धुल जाती, ये दूरियां।
बहुत से रंगों में रंगी है ये दूरियां,
पर जब स्याह और सफ़ेद हैं ये दूरियां,
तो बहुत तकलीफ़देह हैं, ये दूरियां।
जब कोई अपना पास होकर भी दूर हो,
तो मुझ पर और मेरे हालात पर हंसती, ये दूरियां।

ये मीलों की नहीं, चंद एहसासों की हैं दूरियां।
जब अकेलेपन से रूबरू हों,
तो उससे डरती, भागती और फ़ना हो जाती ये दूरियां।
पर क्या फ़ायदा, इस जंग के बाद अकेली पड़ जाती है ये ज़िन्दगी,
किसी को खोकर उसके सुनेपन को भरने के लिए मचल जाती है ये ज़िन्दगी,
पर लाख कोशिशों के बाद भी नहीं भर पाती है ये ज़िन्दगी।
और सुनेपन की एक और कोठरी यादों से भरी,
अपने अंदर दफनाए,
आगे बढ़ जाती है ये ज़िन्दगी।
और अपनी हार का परचम ज़िन्दगी पे लहराकर फिर से मचल जाती हैं, ये दूरियां।
ज़िन्दगी को उलझाती, सुलझाती और फिर उलझाती, ये दूरियां।
अंततः, रिश्तों को अपनी अहमियत का एहसास दिलाती, ये दूरियां।
ख़ैर, चाहे जैसी भी हों, पर मेरी अपनी हैं, ये दूरियां।

प्यार की सच्चाई

दरमियां दिल के, एक दीवार-सी लगती है,
मेरे अपने प्यार की महक, क्यों बेकार-सी लगती है?
दिल समझाता है कि वो मजबूर है,
अपने हालात की जंजीरों में वो महफ़ूज़ है।
खुद को समझाता हूँ मैं,
दिल को बहलाता हूँ मैं,
पर क्या करूँ, दिल की आवाज़ बड़ी बेदम-सी लगती है,
और दिमाग की हल्की दस्तक, एक चीख-सी लगती है।
कुछ उम्मीदें थीं, जो टूटी-सी लगती हैं,
और हर टूटी हुई उम्मीद के साथ, दिल को एक चोट-सी लगती है।
कभी सोचता हूँ, ऐसा क्यों हो रहा है?
क्या दुनिया को देखकर मेरा स्वाभिमान, अभिमान में बदल रहा है?
प्यार किया है मैंने उसे,
इसमें कहीं शक की कोई गुंजाइश तो नहीं?
आपस की चंद मिलों की दूरियाँ,
दिलों की दूरियाँ तो नहीं?
नहीं! नहीं! नहीं! ....यह नहीं हो सकता,
ऐसा बिल्कुल भी नहीं!
क्योंकि अब भी उसकी आवाज़ की हल्की-सी कंपन,
दिल के हर घाव पर मरहम लगा देती है।

उसकी आँखों में कहीं आँसू न आ जाएँ,
यह सोच ही दिल को चीर कर रख देती है।
वहम के जाल में फँस गया था मैं,
इस वहमी दुनिया में रहकर।
पर अब एक ही सच्चाई है,
कि बस हर जगह मेरे ही प्यार की परछाई है।
और उस परछाई से झांकती, एक प्यारी-सी सूरत,
मेरे और मेरे जीवन की सच्चाई है।

गुनाह

गुनाह किए जा रहा हूँ,
अपने हाथों से, अपनी बातों से,
उसे रुला रहा हूँ, जिसकी एक हँसी के लिए दिन-रात एक किए था मैंने।
और खुद हंसते-हंसते रो कर जीए जा रहा हूँ,
जिऊँगा मैं, क्योंकि कुछ ख्वाब पूरे करने हैं,
एक ख्वाब की जिंदगी के लिए दूसरे को मौत दिए जा रहा हूँ।
क्यूं किया मैंने, ये सवाल? उससे किए जा रहा हूँ।
जवाब भी कहीं हैं, और खुद को इन जवाबों के भंवर में दुबोए जा रहा हूँ।
इस उम्मीद में कि उसके रोने की आवाज मेरे दिल तक न पहुँचे।
शायद दिल तो पत्थर का बना लिया है मैंने।
लेकिन डरता हूँ कि उसके आंसू की एक बेआवाज चुभन इसे पिघला ना दे।
गर ये पिघल गया तो शायद टूट जाऊंगा,
फिर कभी न जुड़ने के लिए,
और मैं ऐसा होने नहीं दे सकता।
इसलिए इसे सम्भालता-छुपाता जिए जा रहा हूँ।

हमसफ़र

इस रहगुजर पर कदम रखा है मैंने,
नहीं जानता कि मेरी मंज़िल क्या है?
देखता हूँ अपने चारों तरफ के अंधेरों को,
नहीं जानता सूरज की रोशनी क्या है?
भटक रहा हूँ इस इंसानी जंगल में,
नहीं जानता मेरे वजूद का मानी क्या है?
इस रहगुजर में हमराही तो बहुत मिले,
नहीं जानता कि एक हमसफर का मतलब क्या है?
कौन हूँ मैं?
क्या हूँ मैं?
किसलिए इस धरती पर खड़ा हूँ मैं?
पूछता फिरता हूँ मैं?
कोई तो हो जो मुझे जवाब दे?
कोई तो हो जो मुझे आवाज दे?
कोई तो हो जो मेरा हाथ थामे?
कोई तो हो जो मेरा इस रहगुजर में साथ दे?
खोजता फिरता हूँ अपनी मंज़िल को,
दर-दर भटकता हूँ,
राहें बदलता हूँ।
इस उम्मीद में कि मंज़िल न सही,

पर मंज़िल तक साथ दे ऐसा हमसफर तो मिले।
एक अरसा बीता इन सवालों का जवाब ढूंढ़ते-ढूंढ़ते।
अब ये एहसास है कि जवाब तो अपने पास है।
ये ज़िंदगी ही हमसफर है मेरी इस रहगुजर की,
और मौत ही मंज़िल हर इंसानी जिस्म की।
पर मैं एक इंसान हूँ, जिसकी फितरत ही फरेबी होती है।
अपनी मौत रूपी इस मंज़िल को धोखा दूंगा,
और मरने के बाद भी मैं जियूंगा ज़िंदगी को।
वादा करता हूँ आज मैं अपने हमसफर को।

दर्द

दिल की गहराई में,
रिश्तों की परछाई में,
आँसुओं की रुसवाई में, छुपा था दर्द एक।
अब वो अपनी हिम्मत बढ़ा रहा है,
अपने छुपने की जगह से बाहर निकल,
वक्त के थपेड़ों की मदद से,
अपनी नीव जमा रहा है।
दिल का टूटा हुआ, एक-एक टुकड़ा,
उस नीव में फ़ौलाद मिला रहा है।
कुछ टूटे, कुछ छूटे और कुछ भूले-बिसरे रिश्तों के धागे अब इतने मजबूत हो चुके हैं,
कि इस दर्द की इमारत के स्तंभों में लगने वाले फ़ौलाद बनने को तैयार हैं।
ख़ुद की कुछ गलतियां,
इमारत की दीवार बना रही हैं।
रेत, गारे और चूने की जगह,
आँखों से न निकले हुए आँसू,
दीवार को रेत-गारे से कहीं ज्यादा मजबूती से जोड़ रहे हैं।
छत की बात न करो क्योंकि दर्द की इमारत में छत नहीं हुआ करती।
उसे अब भी,

सूरज की गर्मी, हवाओं की बेरुखी,
बादलों की गड़गड़ाहट और बिजली की कड़क को,
देखना और सहना है।
दुनिया कहती है कि,
अपने खुद की बनी इमारत को देखना बड़ी खुशी की बात है।
लेकिन क्या कहूँ, इस इमारत की तो बात ही कुछ और है।
अपनी आँखों के आगे, इसे बनता देखने में भी एक दर्द है।
जो कि दुनिया की हर खुशी से बड़ा है।
इमारत की नीव के दिनों में,
बड़ा परेशान रहा करता था,
कि मेरे अपने दर्द, बिना मेरी इजाजत के, ऐसा कैसे कर सकते हैं।
लेकिन फिर मैंने भी ठान ली,
कि इस बनती इमारत को अपनी सूनी आँखों से देखूंगा,
और इंतजार करूंगा,
एक छोटी-सी खुशी और एक प्यारी-सी हंसी का।
क्योंकि दिल से उठती एक आवाज,
मेरे कानों में कहती है,
कि क्यों परेशान हो रहे हो?
दर्द की इमारत चाहे पूरी फ़ौलाद की बनी हो,
एक छोटी-सी खुशी और एक प्यारी-सी हंसी,
उसे धूल में मिला सकती है।
मैं नहीं जानता यह आवाज किसकी है,
पर शरीर का एक-एक रोम जैसे विश्वास करना चाहता है।
इसलिए अब मैं इंतजार कर रहा हूं,
लेकिन एक बड़ी विडंबना है,
क्योंकि इंतजार में भी एक दर्द का मज़ा है।

सफ़र

जिंदगी के सफ़र में,
थकान से मुकाम तक|
सफ़र के अकेलेपन से,
मुकाम के आराम तक।
रास्तों की दुविधा से,
अपनी चाहतों के अंजाम तक|
उम्मीदों की गलियों से,
आंसुओं के इनाम तक।
कुछ पाने की अदम्य इच्छा लिए,
जागता चला हूं मैं,पर सोचता चला हूं मैं।
क्यों हूं मैं अकेला इन रास्तों पर?
कुछ ने क्यों छोड़ा,कुछ क्यों छूट गए,
बीते रास्तों के भंवरजाल में।
बड़ी अजीब बात है,
कि रास्तों में भी भंवर बनते हैं,
ये भंवर इच्छाओं की कब्र बनते हैं।
इन भंवरों को पार कर,
अपनी मुकाम तक पहुंचना है,
पानी में दिखता प्रतिबिंब नहीं,
आकाश में चमकते सूरज को पकड़ना है।